Téo Azevedo

O CORDEL DE SÃO GERALDO MAJELA

EDITORA
SANTUÁRIO

Direção editorial:	Pe. Fábio Evaristo R. Silva, C.Ss.R.
	Pe. José Luís Queimado, C.Ss.R.
Conselho editorial:	Cláudio Anselmo Santos Silva, C.Ss.R.
	Edvaldo Manoel Araújo, C.Ss.R.
	Ferdinando Mancilio, C.Ss.R.
	Gilberto Paiva, C.Ss.R.
	Marco Lucas Tomaz, C.Ss.R.
	Victor Hugo Lapenta, C.Ss.R.
Coordenação editorial:	Ana Lúcia de Castro Leite
Projeto gráfico e capa:	Mauricio Pereira
Digitação:	Ana Cláudia Ferreira de Azevedo
Digitação e Revisão:	Cláudio Rogério Guimarães
Revisão:	Maria de Lourdes Chaves
Revisão de Metrificação:	Orlando Dias

ISBN 978-65-5527-345-8

1ª impressão

Rua Pe. Claro Monteiro, 342 – 12570-045 – Aparecida-SP
Tel.: 12 3104-2000 – Televendas: 0800 - 0 16 00 04
www.editorasantuario.com.br
vendas@editorasantuario.com.br

Apresentação

Geraldo Majela é o santo mais popular da Congregação do Santíssimo Redentor, mais conhecido, inclusive, que o próprio fundador dos redentoristas, Santo Afonso Maria de Ligório. Isso se deve aos inúmeros milagres e a sua rica história de intimidade com Deus. Um santo que viveu para o povo mais simples, com dedicação total aos humildes e abandonados. Padroeiro das mães, das crianças, o santo dos partos felizes. Viveu apenas vinte e nove anos, mas deixou um imenso legado espiritual e milhares de devotos espalhados pelo mundo.

Temos diversos escritos, biografias, cartas, crônicas que relatam as aventuras desse santo apaixonado por Jesus Cristo. Mas faltava ainda uma literatura popular para esse santo do povo. Daí a ideia de um Cordel de São Geraldo. O cordel é muito difundido no Brasil, folhetos contendo poemas populares, escritos em forma de rima e ilustrados com xilogravuras. O nome cordel é porque os folhetos são expostos para venda pendurados em barbantes, cordas finas. Surgido na época medieval, com os trovadores, no Brasil, espalhou-se, especialmente, no Nordeste.

Para essa empreitada contamos com Téo Azevedo, um apaixonado pela cultura popular. Mestre cordelista e repentista, compositor, violeiro e produtor musical. De Alto Belo, norte de Minas, sua voz ecoa pelo mundo. Membro da Academia Brasileira da Literatura de Cordel, Téo possui cerca de 3.000 trabalhos lançados e é autor de mais de 2.500 músicas gravadas. É autor de 10 livros sobre a cultura popular brasileira; já escreveu e publicou por volta de 1.000 histórias de literatura de cordel. Téo Azevedo é o artista que mais divulga a cultura regional mineira para o Brasil e para o mundo. Respondeu prontamente ao nosso convite e nos presenteou com um belíssimo texto, feito com muita maestria, comprovando sua excelência na arte de fazer versos. Um cordel leve, bem arquitetado e de estrutura bem definida. Na primeira parte escrito em septilhas da linha sete sílabas; rimam os versos segundo, quarto e sétimo, e também o quinto com o sexto. Na segunda parte, quando o autor se dedica a São Geraldo em Curvelo, estrofes de quadras duplas da linha sete sílabas; rimam os versos pares.

A vida de São Geraldo e o santo em sua Basílica, na cidade de Curvelo-MG, é o que temos em mãos, para uma leitura agradável, despretensiosa. São Geraldo em cordel, sua história em rima e ritmo é mais uma oportunidade para o nosso povo conhecer e amar nosso irmão redentorista, o santo que era amigo de Deus.

Pe. Paulinho Morais, C.Ss.R.

O CORDEL DE SÃO GERALDO MAJELA

(Escrito em septilhas da linha sete sílabas; rimam os versos segundo, quarto e sétimo, e também o quinto com o sexto)

Em mil, sete, dois, seis
Era o mês de abril
Província Basilicata
Itália, país gentil
Encosta dos Apeninos
Em Muro cantaram hinos
Pra um nascimento sutil

O pai, Domingos Majela
Mãe, Benedita Gadella
E junto com as três filhas
Uma família tão bela
Brígida era como um mel
Também Ana e Isabel
Nasce caçula na tela

Um quinteto tão feliz
De família piedosa
Benedita estava grávida
Com saúde e orgulhosa
Tava chegando o varão
Era grande a emoção
Terna e maravilhosa

Eles todos esperavam
A gravidez com alegria
Muita paz e muito amor
Era só chegar o dia
E essa bondosa família
Já preparava a mobília
Pro que tão logo viria

Todo ser para crescer
Tem que se desabrochar
Um destino de otimismo
Ao filho que ia ganhar
Era uma prole pobre
Mas de vida muito nobre
Desse casal exemplar

Um povo religioso
E a família também
Rezavam todos os dias
Pelo nascer de alguém
Chegando em seis de abril
Com o céu da cor de anil
Nasce um menino do bem

Viva mil, sete dois meia
Quando Geraldo nasceu
Brígida bate os joelhos
Presente que Deus nos deu
Domingos com euforia
Pulava de alegria
Feliz com o que recebeu

E como se faz um santo
Deus quem faz alguém ser bom
Piedoso e obediente
A vida dentro do tom
Servindo mediações
Com exemplo de ações
E da vida deu seu som

Quando o instrumento é bom
A alma também é boa
Se o instrumento é falho
Não passa de coisa à toa
Omisso defeituoso
Com um quadro maleitoso
Que a coisa desentoa

Os pais são os instrumentos
De Deus para a criação
Domingos e Benedita
Deram aos filhos educação
Uma raiz de verdade
De uma pura honestidade
Amor, paz e união

Aos cinco anos de idade
Já dava pra perceber
Que Geraldo tinha algo
Admirável de ver
Sem deixar de ser criança
Trazia ao mundo esperança
Cumprir, de Deus, o dever

E a Palavra de Deus
Então dita a Jeremias
Antes do ventre materno
Eu vi suas cercanias
O seu saber se expande
Rezava igual gente grande
E era todos os dias

E perto de Muro havia
Uma pequena capela
Um lugar meio isolado
E uma paisagem bela
Geraldo ainda pequeno
Com o seu jeito sereno
Foi lá pra visitar ela

No silêncio da capela
Era ele e mais ninguém
Ajoelhou no altar
E pôs-se a rezar, amém
Experiência com Deus
Bondade veio dos seus
Com toda força do bem

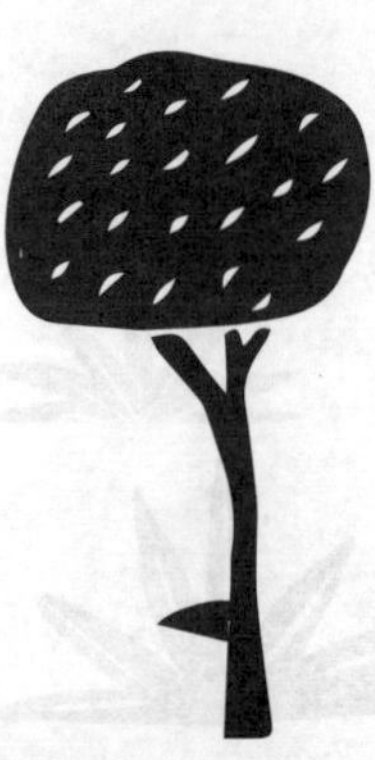

Amava Nossa Senhora
Igual a sua mãezinha
Devoção e muito amor
A essa santa ele tinha
Ao entrar já viu a santa
Com Jesus ele encanta
Ao fazer a visitinha

Nosso Geraldo Majela
Muito humilde, educado
Teve uma vida modesta
Com a pobreza a seu lado
Labuta de um sofredor
Guerreiro batalhador
Por Deus foi santificado

Os menos favorecidos
Ele escolheu pra ajudar
Também era dessa classe
Sabia valorizar
Pobreza não é defeito
Ela tem de todo jeito
Está em qualquer lugar

Quase não se alimentava
E era subnutrido
Mas conversava com Deus
Do Senhor era querido
Também com Nossa Senhora
E sempre que uma hora
Desse momento vivido

Um menino conversando
Com Deus e Nossa Senhora
A força espiritual
Estava ali nessa hora
E nessa prosa sadia
Para ele uma alegria
Aí que a coisa melhora

Tinha imagem nos seus braços
Nosso menino Jesus
Geraldo se ajoelhou
Fazendo sinal da cruz
Rezou com o coração
Com a sua devoção
Foi um momento de luz

A marcante experiência
Geraldo teve na vida
Na mão de Nossa Senhora
Sua mãezinha querida
Parece Moisés contente
Juntamente à sarça ardente
Na cena real da sua lida

Deus lhe abaixou a mão
Era o menino Jesus
E pega sua mãozinha
A esse infante conduz
E os dois ficam brincando
Com o milagre bailando
Nesse astral de pura luz

E o Geraldo brincando
Com Deus, pai celestial
Esse fato aconteceu
Nunca houve outro igual
Várias vezes repetiu
Só Geraldo foi quem viu
O quadro espiritual

Geraldo já era um gênio
Com sete anos de idade
Seu dom espiritual
Na particularidade
E como se fosse um hino
De um coral tão divino
De amor e felicidade

Nos braços de sua mãe
Mexe o menino Jesus
Que dá um salto no chão
Em nome da santa cruz
Majela e Jesus brincando
E a mãe santa olhando
Aquela cena de luz

E assim era Geraldo
Com os colegas de escola
Repartia o seu lanche
E a todos ele consola
Era um mirrado menino
Magro e muito franzino
Mas bondade na cachola

Um santo não nasce pronto
Ele se faz, e se faça
A vida era cooperar
E mostrando a sua raça
Ação santificadora
Na vida batalhadora
E toda cheia de graça

Dona Benedita tinha
Muito amor e devoção
Profunda com a Eucaristia
Dentro do seu coração.
Com Geraldo, carinhosa
Eu falo em versos e prosa
Da grande dedicação

E uma das lindas palavras
Que o Geraldo aprendeu
O nome Nossa Senhora
Madonna ele conheceu
Aquela santa de amor
Aquela santa uma flor
Nunca mais ele esqueceu

Jesus Cristo, de presente,
Deu a Geraldo um pãozinho
Ele com experiência,
No começo do caminho
A força espiritual
E a bondade genial
Não o deixaram sozinho

Aprendeu amar Jesus
Presente na eucaristia
Cresceu tanto nesse amor
Era o mundo que vivia
Uma pessoa querida
Fez de Cristo sua vida
E na fé se garantia.

Na hora da comunhão
Geraldo tinha vontade
De receber a Jesus
Já com aquela idade
Do banco ele foi pra mesa
Mostrou com muita franqueza
Sua espiritualidade.

E na noite desse dia
O Geraldo foi deitar
Chateado com o padre
Da comunhão lhe negar
Mas sonhou com São Miguel
O seu amigo fiel
Veio a hóstia lhe dar.

Ele tinha doze anos
Quando seu pai faleceu
A casa ficou vazia
Um paradeiro se deu
Nesse lar faltava alguém
Que partiu para o além
Seu Domingos, o pai seu.

Era o único filho homem
Que tinha dentro do lar
A situação difícil
A mãe teve que ajudar.
Trabalhando de alfaiate
Com o pai aprendeu a arte
Pois tinha que se virar.

Com o Martinho Panuto
Entrou na alfaiataria
Um senhor muito bondoso
Do bem e da harmonia
Mas seu sócio, ignorante,
Violento e arrogante
O Majela perseguia.

A bondade e o respeito
Lembrando sempre Jesus
"Não resista ao homem mau"
Em nome da santa cruz
Oferece a face esquerda
E mesmo que tenha perda
Terá o brilho de luz

E aos quatorze anos
O Geraldo foi crismado
Na capela Irmãs Clarissas
Por Dom Cláudio abençoado
Pentecostes era o dia
Muro com muita alegria
Deus estava do seu lado

Um fogo de chama ardente
Era sua devoção
Pelo Espírito Santo
Tinha muita inspiração.
Deus foi seu advogado
No seu caminho traçado
Com sua dedicação.

O sacramento da crisma
Deu uma fome de Deus
Na vida religiosa
Com o povo e com os seus
Queria ser capuchinho
Via neles um caminho
Para todos sonhos seus.

Geraldo foi no convento
Todo cheio de esperança
Mas ele não foi aceito
O seu padrão não alcança
Nossa vida muito bruta
Seu físico não é da luta
Não é coisa pra criança.

Fica decepcionado
Com um não em vez de um sim
Na vida de São Geraldo
Isso nunca teve fim
Toda essa odisseia
Dentro de sua ideia
Não estraga seu jardim.

Majela nasceu raquítico
Assim ele foi criado
E o seu físico franzino
Corpo não era sarado
Mas a sua inteligência
Junto com a competência
Tinha tamanho dobrado.

Com o bispo Cláudio Albini
Geraldo foi trabalhar
Sendo criado doméstico
Majela foi enfrentar
O bispo era sistemático
Embaçado, antipático,
Mas tinha que aguentar.

Os amigos de Geraldo
Ao saberem do emprego
Foram dizendo pra ele
Você vai virar burrego
Mas Geraldo descartou
E com o bispo ficou
Com amor e com apego.

Os amigos lhe falavam
Dá o fora no bispado
E não fique aí sofrendo
Você é um homem honrado.
Mas Geraldo retrucava
Sem o bispo não ficava
E segue seu empregado.

Dezessete quatro um
Deixa a alfaiataria
Sai de Muro, sua cidade
Com o bispo ele partia
Sofreu mais do que um cão
Injúria, difamação,
No palácio que servia.

E era a eucaristia
Uma força muito bela
Geraldo, muito devoto
Dentro da vida singela
Segurava todos trancos
Enfrentava os barrancos
Segurando a taramela.

Todo dia ia à missa
Recebendo a comunhão
Dava no mesmo sacrário
Mostrando-lhe a devoção
Com bispo ficou três anos
E depois mudou de planos
Foi pra Muro com seu pão.

E aos dezenove anos
Foi atrás dos capuchinhos
Pra vida religiosa
Tinha todos os caminhos
Mas o prior foi dizendo:
Não estamos lhe querendo
Procure outros caminhos.

O seu segundo pedido
Que na hora foi negado
Deu-lhe uma grande tristeza
Majela ficou arrasado
Volta pra alfaiataria
Pro trabalho que fazia
Com o Seu Vítor, afamado.

Era um bom alfaiate
Tinha boa freguesia
O dinheiro que ganhava
Com os pobres repartia
Esteve sempre ao lado
Do povo necessitado
Era assim que ele vivia.

E aquela pobre viúva
Que vivia na pobreza
Tinha duas moedinhas
Que era sua riqueza
Ela ofertou o que tinha
Porque não era mesquinha
Assim demonstrou nobreza.

Espiritualidade
Foi o mistério da cruz
Também do crucificado
Nosso Senhor, bom Jesus
Que é o poder de Deus
Quem invoca para os seus
Em nome da santa cruz

E se identificava
Com o Cristo sofredor
Penitências, seus jejuns,
Orações ao redentor.
Pra mim o viver é Cristo
Pois chegaremos nisto
Com o nosso salvador.

E lá nas bandas de Muro
Havia uma floresta
Geraldo mais um amigo
Pra solidão manifesta
A vida de eremita
Que no Geraldo palpita
Resolveu seguir por esta.

O confessor de Geraldo
Sabendo que se passava
Pediu pra ele voltar
Pois a vida incomodava
Voltou a ser alfaiate
Numa luta sem empate
Na casa onde morava.

E perto da sua casa
Morava uma meninada
A maioria era pobre
E também desamparada
E assim como Jesus
Em nome da santa cruz
Adorava a criançada.

Pregava pra meninada
As nossas coisas divinas
Se acordava bem cedo
No nascer das matutinas
Brincava com as crianças
A elas dava esperanças
Com as suas sabatinas

Majela era carismático
E um dia na cidade
Ouviu uma discussão
Tipo briga de verdade
Eu conto sem fazer figa
E por causa de uma viga
Deu essa barbaridade

Majela com jeito manso
E o peito tão liberto
Disse aos dois pra não brigar
Que o serviço ia dar certo
Realmente aconteceu
Com a força que Deus deu
Resolvido o que era incerto

Também havia surgido
Mais uma congregação
Religiosa da Igreja.
Era sua redenção.
Os irmãos redentoristas
O Geraldo abriu as vistas
E ficou de prontidão.

Então era o Dom Afonso
De Ligório, fundador
Com um punhado de homens
Todos de alto valor
E com as missões pregando
O espírito ao levantando
Cheios de muito ardor.

Geraldo fica sabendo
Dessa nova esperança
Dezessete quatro nove
O seu sonho de criança
Chegaram os missionários
Padres extraordinários
Que seu coração balança

As palavras de Jesus
Martelavam o coração
"E se queres ser perfeito
Tenha muita devoção
Dá os seus bens para os pobres
Que eles também são nobres
Têm uma boa intenção".

Encontrou o Padre Cáfaro
E foi numa tardezinha
E estava esperançoso
Que algo de bom ele tinha
Os dois muito conversaram
E muitas coisas falaram
Mas faltavam umas coisinhas

O Padre ouviu o Geraldo
E depois lhe respondeu
"Desculpe, filho de Deus
Não é o caminho seu
A vida é cheia de espinho
Procure outro caminho
O caminho que Deus deu".

Padre Cáfaro falou
"Geraldo, meu nobre irmão,
Pois não é para você
A nossa congregação.
Nós somos missionários
Não vivemos de salários
É nossa religião".

O Geraldo se despede
Do Padre, então vai embora
E depois para e volta
Me ajude, Nossa Senhora
Cáfaro lhe disse assim
"Nossa conversa tem fim
Adeus, até outra hora"

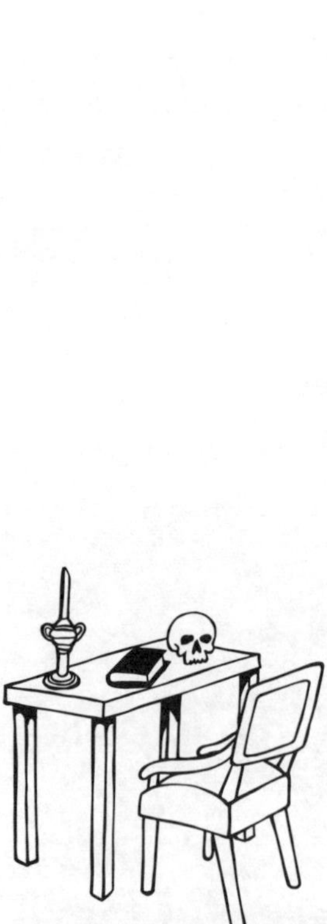

O Geraldo chega a casa
Todo triste, acabrunhado
E o seu sonho de vida
Mais uma vez dava errado
Sua mãe com delicadeza
Vendo no filho a tristeza
Com ele desanimado

A vida religiosa
Era tudo que queria
Ele lutava demais
Mas nunca ele conseguia
Você é um moço franzino
Começou desde menino
Na esperança de algum dia

Missionários foram embora
Terminaram a missão
Foram pra outra cidade
Fazem nova pregação.
De repente ouve-se um grito
O Geraldo, meio aflito
"Também quero ser irmão".

Padre Cáfaro dizendo
É Geraldo, o alfaiate,
Que quer ser missionário
Não cabe nesse combate
Geraldo pede de novo
"Pelo bem do nosso povo
Eu peço que me acate"

O Geraldo respondeu
"Me experimente primeiro
Se acaso eu não servir
Vou procurar meu roteiro
Tomarei rumo na vida
E batalhar pela lida
Por nosso Deus verdadeiro".

E foram pra Rionero
Geraldo junto à missão
Estava presente em tudo
Com maior satisfação
"Me dê oportunidade
Lhe peço por caridade
E também com gratidão".

Adeus a sua mãezinha
Geraldo se despediu
Sem sua mãe perceber
De casa ele fugiu
Lhe deixando uma cartinha
"Minha querida mãezinha
Saí, você não me viu".

"Estou com os redentoristas
O sonho de minha vida
Que eles me aceitaram
Por isso dei a partida
Mas estou muito feliz
Com Deus e sua raiz
Adeus, minha mãe querida".

Em dezessete de maio
E um, sete, quatro, nove
Sendo lá em Iliceto
Sua alegria me comove
E vivendo em um convento
Marcava conhecimento
Então a paixão lhe move.

Esse convento ficava
Sobre uma linda colina
À margem de uma floresta
Geraldo com disciplina
Santa da Consolação
Era sua devoção
Seguia sua doutrina.

E no dia da chegada
Geraldo vai à igreja
Ora diante do altar
Por vencer essa peleja
Da vida religiosa
De uma forma majestosa
Pede a Deus que lhe proteja.

Dezessete, quatro, nove
Começa o noviciado
Uma espécie de estágio
Pelo Geraldo enfrentado
E com a consagração
De Deus sua devoção
Foi seu caminho sonhado.

Tornou-se redentorista
Com seus vinte e cinco anos
E na sua entrega a Deus
Ele completou seus planos
Mil, setecentos, cinquenta
O Geraldo agora ostenta
Sua saga com os humanos.

Um irmão coadjutor
Exemplo religioso
Sua primeira missão
Ser um sacristão bondoso
Também na congregação
Entregou a devoção
Esse ser tão caridoso.

E no seu noviciado
Uma verdadeira escola
Aprendendo com os mestres
Que usavam uma estola
Com muita dedicação
Tirada do coração
Tudo dentro da bitola.

Era muito caprichoso
Com as coisas do altar
Toalhas sempre branquinhas
E flores para enfeitar
Os móveis sem nenhum pó
E dos pobres tinha dó
E forma de ajudar.

Ajudava os doentes
Para tirá-los da dor
Tinha muita compaixão
Era Cirineu do amor
Cristo misericordioso
Compaixão de um fervoroso
Com a pureza de uma flor.

Certa vez um pobrezinho
Em triste situação
A visita de Geraldo
Pois lhe trouxe a salvação
O homem ficou curado
E o médico espantado
Com o milagre do pulmão .

Era um anjo do céu
Todo dia, toda hora
Visitava os enfermos
Com amor e sem demora.
Seus milagres com a Madonna
Tava sempre vindo à tona
E fé em Nossa Senhora

O trabalho e o espírito
No coração de Majela
E a sua devoção
Era um filme em sua tela
Sua generosidade
Tinha muita qualidade
Era dentro da tabela.

E a vontade de Deus
Geraldo sempre exclamou
Pois eu quero amar a Deus
Que ele sempre falou
"O Jesus crucificado
O livro tinha a seu lado
Do qual não se separou.

Segundo noviciado
Forte espiritualidade
Que todo redentorista
Prepara com qualidade
E sofrer tudo por Deus
Pelos meus e pelos seus
É uma dignidade.

A sua comunidade
Em Iliceto ficava
E sempre foi muito pobre
E dos outros precisava
A coisa era muito séria
Situação de miséria
Ajuda ele procurava.

Sobre Néria Caggiano
Que usando de maldade
Para destruir Geraldo
Foi uma barbaridade.
Geraldo, homem tão puro
Por ela tornou-se impuro
Com a pura falsidade.

A verdade veio à tona
De uma maldade cruel
Geraldo era inocente
De uma denúncia infiel.
Viveu com muita harmonia,
Humildade e simpatia
Desempenhou seu papel.

Voltou para Caposele
Já pressentindo o seu fim
E dizendo eu aproveito
Que ainda resta de mim
Andava muito doente
Rolava na sua mente
Deus é quem sabe de mim.

Também o Padre Caione
Deu a Geraldo a portaria
Para atender os pobres
Muito bem ele fazia
Com seu jeito caridoso
E o coração bondoso
A todos ele servia.

Ser pobre é um sofrimento
Se doente, ainda mais
Justamente os doentes
Que ele ajudava demais
Firme na eucaristia
Nessa luta ele sabia
Que abandonar, jamais.

"Deus providenciará"
Era o seu lema constante
Comida pra todo mundo
Era o seu lema falante
Milagre Jesus nos manda
Venceremos a demanda
Em prol da importante gente.

Um batalhão de pedintes
Lá na porta do convento
Esperando o jantar
E estava forte o vento
E todos encorujados
Aqueles pobres coitados
Num terrível sofrimento.

Tinha muitas criancinhas
Que era a judiação
E Majela via aquilo
Com uma dor no coração.
Um drama periclitante
Geraldo naquele instante
Chorava de emoção.

Em Caposele existia
Um flautista de primeira
Era pobre e também cego
Mas pessoa hospitaleira
De Geraldo, grande amigo
Que sempre lhe deu abrigo,
E amizade verdadeira.

Enquanto o povo esperava
Alimentos pra jantar
Geraldo pedia a ele
Para pro povo tocar
Era sua catequese
Essa era sua tese
Pra os devotos apoiar.

Dezessete cinco cinco
O Geraldo transferido
Para a cidade de Nápoles
Que do povo era querido
Um acidente se deu
Esse caso sucedeu
Com um algo acontecido.

E de volta a Caposele
Aquele homem de ação
Foi supervisionar
Uma nova construção
Era visto com operários
Ajudar missionários
Foi a sua devoção.

O padre superior
Já pede sacramentado
Ao senhor do bom Jesus
Por Geraldo indicado
Geraldo vai a igreja
Deus cuide dessa peleja
Nosso trabalho parado.

A campainha tocou
De manhã, no outro dia,
E duas sacolas cheias
De dinheiro ele via.
Isso não era manobra
Era o dinheiro da obra
E o trabalho garantia.

Deus é tão admirável
Em seus santos que ele tem
Cada um dá a missão
Que a esse santo convém
Geraldo, privilegiado,
Que por Deus foi consagrado
Um santo homem do bem.

Ajudou uma mulher
Ser mãe a primeira vez
É a história Senerchia
E a sua gravidez
Geraldo foi socorrer
Pois ela ia morrer
Sua bênção ele fez.

O Geraldo em Caposele
Nápoles, a gente pedia
A sua bênção sagrada
Nos lugares que ele ia
Em Oliveto rondando
E coisas prejudicando
Mas a santa luz era guia

Em trinta e um de agosto
Ele só foi piorando
Disse: "Penso que é meu leito
Para mim está chegando
Que a divina bondade
Tô esperando a vontade
Que Deus está me chamando".

Em dezesseis de outubro
Dezessete, cinco, cinco
E com vinte e nove anos
A vida lhe dá um trinco
Partiu para a eternidade
Deixando muita saudade
Seu trabalho de afinco.

Mil, novecentos e quatro
Geraldo canonizado
Foi em onze de dezembro
Que ele foi venerado
Dezesseis de outubro o dia
Consagrado em galhardia
Seu dia santificado.

E o Papa Pio X
Foi quem o canonizou
E para a história santa
Geraldo Majela entrou
Com a sua humildade
E piedosa bondade
A vida glorificou.

Viveu na congregação
Dos irmãos redentoristas
Sete anos preparando
Com trabalhos humanistas
Viveu vinte e nove anos
Tá com Deus em outros planos
Alcançando mais conquistas.

Fez centenas de milagres
Que não dão para contar
Que o São Geraldo fez
Gente tem de aceitar
É só pesquisar com zelo
E dê um pulo em Curvelo
Minas Gerais, o lugar.

São Geraldo viveu pouco
O tempo de sua vida
Seu milagre para o mundo
Deu fama reconhecida
Um santo homem do amor
Todo cheio de esplendor
De santidade querida.

E chegando a Curvelo
Você vai ter o prazer
Basílica de São Geraldo
Vá ver e agradecer
Milagres de todo jeito
Irá ficar satisfeito
Dessa igreja conhecer.

A Praça do Santuário
Sessenta, numeração
Bem no centro de Curvelo
Norte de Minas, sertão
Praça da Oitava, ao lado
O povo entusiasmado
Fazendo sua oração.

Todo dia dezesseis
A festa religiosa
Sempre no mês de outubro
Decantada em verso e prosa
Venha para conhecer
Que aí você vai ver
Que festa maravilhosa!

Um amigo me pediu
Escrevi sem ter segredo
Ele me passou os livros
Eu fui seguindo o enredo
Tô com ele em paralelo
Sou filho de Alto Belo
Meu nome é Téo Azevedo

SÃO GERALDO MAJELA EM CURVELO

(Estrofes de quadras duplas da linha sete sílabas; rimam os versos pares)

Na raiz do meu cordel
Tecerei o meu novelo
Falando de uma terra
Nossa querida Curvelo
Em dezoito de setembro
Darei as primeiras pistas
Pois chegaram a Curvelo
Os irmãos redentoristas.

Livramento do Papagaio
Santo Antônio da Estrada
Santo Antônio de Curvello
Começou esta jornada
Padre Antônio Corvelo
Ávila, um humanista.
E, falando em Curvelo,
Tudo aí está na lista

Ora viva e reviva
Quem até Curvelo vem
De carro ou de avião
Montaria ou de trem
O São Geraldo Majela
Agradece a seu romeiro
Vem gente de todo lado
Do Brasil e do estrangeiro

A Curvelo é a entrada
Do nosso Norte de Minas
Que é terra do pequi
E das águas cristalinas
Curvelo fica no centro
Da nossa Minas Gerais
Quem visita esta terra
Nunca esquecerá jamais

O romeiro é todo aquele
Que busca o religioso
Só vive com intensidade
Seu ideal é garboso.
Ele festeja alegria
E sempre pede perdão
Para o santo inspirador
Com a sua devoção.

O romeiro é todo aquele
Que segue uma romaria
Saindo da sua casa
Deslocando dia a dia
Com sacrifício e bagagem
Enfrentando outras, essas
E dentro da sua fé
Pagando suas promessas.

Busca se revigorar
E abre seu coração
Da dor e do sofrimento
Segue sua devoção.
Buscando qualquer estrada
Harmonia, exuberância,
Exaltando seu devoto
Com a fé em abundância

Às vezes os pés inchados
Nas caminhadas da vida
Mas não perde a sua fé
Em Deus e na Mãe querida.
E o peso que carrega
Pedindo ao santo socorro
Atravessa serra e vales
Os mares, rios e morro.

Reza para os colegas
Para ele e para os seus
Aos santos de devoção,
À Mãe Maria e Deus
Se nutre do que tiver
E fica até sem comer
Às vezes falta até água
Para alguém poder beber.

Coração agradecido
Pela graça recebida
Filme de longa-metragem
Que entra na sua vida
O romeiro é todo aquele
Que tem crença, tem amor
Que agradece aos santos
E a Deus, nosso senhor.

Irmão Geraldo Majela
Um pregador popular
Sua vida foi tão pouca
Seu tempo era trabalhar
Aos menos favorecidos
Gostava de atender
Bem feliz e orgulhoso
Em cumprir o seu dever.

Onze e trinta da manhã
Chegavam missionários
Para uma nova missão
E com vários emissários
Para se dar o início
De uma nova fundação
Mil, novecentos e seis
Que teve a reunião.

O São Geraldo Majela
Foi o santo escolhido
Para ser o bem amado
De Curvelo, o preferido
Dia onze de dezembro
Ele foi canonizado
Em mil, novecentos e quatro
Por Jesus abençoado.

Primeira reunião
Na Igrejinha do Rosário
Começava assim Geraldo
Por nosso sertão agrário
Capela da Mãe de Deus
A Festa do Padroeiro
A dezesseis de outubro
Em nosso norte-mineiro.

Imagem de São Geraldo
Carregada no andor
Pelas ruas de Curvelo
Com muita fé e louvor.
As crônicas foram rezadas
Dos padres redentoristas
Começava São Geraldo
Alcançar grandes conquistas

São Geraldo foi crescendo
Ele veio pra ficar
E em vinte e dois de março
Obras iam começar
De uma linda basílica
Que ir ficar na história
Para o povo católico
Uma jornada de glória

Mil, novecentos, dezessete
Já chegava o fim da linha
Teve que ser demolida
A saudosa capelinha.
Foi a força do progresso
Não teve outra solução
De uma vetusta capela
Pois foi a transformação.

Mil, novecentos, dezoito
A basílica inaugurada
A capela Mãe de Deus
Pelo Mestre abençoada
Recebeu o peregrino
O São Geraldo Majela
Tornou-se um santuário
Salve, Basílica tão bela

O conjunto arquitetônico
Tem estilo misturado
Misto do neorromano
E o nórdico ajuntado
Um acervo fabuloso
De estimado valor.
No monumento de fé
Reflexão e amor

Com os vitrais coloridos
E tudo torna-se místico
E as luzes que vêm de fora
Viram um cenário artístico,
Verdadeira sinfonia.
Mistério de cambiantes,
Equilíbrio e harmonia,
Com momentos importantes.

O nosso corpo levita
Muita prece e piedade
Sentimento, inspiração.
Espiritualidade
O encontro e reencontro
Com Deus, o nosso Senhor.
Você sente calmaria
Com esta luz e esplendor.

Mil, setecentos, trinta, três
Começa o verão
E lá de Muro Lucano
Uma peregrinação
Chegava a Materdomini
Homem, mulher e menino
E na rústica capelinha
Se ouvia bater o sino

No vale do Rio Sele
Dedicado à Mãe de Deus
Muita gente peregrina
Contemplava todos os seus
Por causa de um menino
Diferente em sua idade
Devoto de Mãe Maria
Que amor, com felicidade.

Hoje toda transformada
Em basílica majestosa
Mãe de Deus está lá dentro
Toda enfeitada com rosa
E naquele movimento
De uma reunião bela
No meio daquele povo
Estava Geraldo Majela.

Imagem de São Geraldo
Que se vê entronizada
Pois está no altar-mor
De madeira entalhada
Ela veio da Holanda
De um devoto holandês
Que doou para Curvelo
Promessa que ele fez.

Ele estava muito enfermo
Não tinha como tratar
Então fez uma promessa
Pra São Geraldo curar
São Geraldo lhe curou
Do mal que ele sentia.
Desta forma o holandês
Ao santo agradecia.

E mandou pelo navio
A imagem pra o Brasil
Chegou ao Rio de Janeiro
Aquele santo gentil
Já mandaram pra Curvelo
Com carinho e com amor
Na Igrejinha do Rosário
Lá foi feito o seu andor.

Pois a antiga imagem
De Senhora do Rosário
Deu lugar a São Geraldo
E isso foi necessário
Foi no dia dezesseis
De outubro, foi o ano
Em mil, novecentos, treze
O Geraldo em novo plano.

Virou um santo querido
Desta bonita cidade
A notícia se espalhou
E foi só felicidade
E a arquidiocese
Cidade Diamantina
Já se encantou com tudo
Estrela que ilumina.

E a famosa "Obra Pia
De São Geraldo também
Mil, novecentos e onze
Que Deus teve o amém
Santuário São Geraldo
Por Minas se espalhou
E a fama dos milagres
A tudo glorificou

E dia 3 de outubro
Ano quarenta se deu
Veneração dos fiéis
Isso que aconteceu
O Padre Paulo Ruttem
Como uma devoção
Imagem de São Geraldo
A réplica da perfeição

Quem olha no seu sarcófago
Deixa de ser um escravo
Ressurreição, esperança
Aqui no meu verso gravo.
Vamos falar da oitava
A praça monumental
Fica ao lado da Basílica,
Bonita, sensacional.

Um corso de motoristas
Ultimo sábado de agosto
Em procissão triunfal
Que é de um fino gosto
Muita devoção e fé
Em Curvelo acontece
Quanto mais passam os anos
Mais o São Geraldo cresce

Romeiros de São Geraldo
E o povo Curvelano
Todos com a fé em Deus
Vão seguindo o mesmo plano
Seja bem-vindo a Curvelo
Onde a fé é geral
A terra maravilhosa
E rainha do portal.